AF554765

LA
FAILLITE ET LA LOI
PAR MATHIEU DUPONT
92, FAUBOURG DU TEMPLE, 92
PRIX :
50 Cent.

LA FAILLITE ET LA LOI

Par Mathieu DUPONT

Voilà deux mots bien différents l'un de l'autre et pourtant ils sont inséparables, puisque le premier est le mal qui fait le plus de ravages dans la Société, même dans le monde entier.

La loi au contraire devrait protéger et porter remède à toutes ces souffrances, mais il n'en est presque rien, car dans notre Législation, le remède est pire que le mal; mais pourquoi cela? Je vais essayer de le démontrer: « D'abord le mot faillite n'est qu'un affreux mensonge et de plus il dégrade la Société toute entière; il a sans doute été imaginé pour gazer le mot banqueroute, mais aujourd'hui il doit disparaître complètement. Non, il ne faut plus que Monsieur le Président du Tribunal ou Messieurs les Présidents des Tribunaux déclarent un tel en état de faillite ouverte, je crois que suspension de payements doit suffire, je crois aussi qu'il n'est guère d'hommes sur la terre qui n'aient pas à un moment donné fait comme moi, par exemple. Il est vrai que j'étais encore jeune à cette époque, j'avais emprunté dix francs à un ami, lui promettant de lui rendre quinze jours plus tard; comme de juste mon ami ne manqua pas de venir le jour dit réclamer ses dix francs, mais pendant cette quinzaine là j'avais manqué de travail et il me fut impossible de rembourser; je devais aussi une petite somme à mon épicier, je fus également obligé de lui demander du temps qu'il m'accorda du reste, mais cette situation me donna à réfléchir, je crus avoir failli à mes engagements, et par conséquent, être en état de faillite. Depuis cette époque très reculée déjà, j'ai fait du commerce, j'ai toujours eu des dettes, et on m'a toujours dû de l'argent et j'ai toujours possédé plus que je devais et je me demande où est la faillite.

Les dix francs que j'avais empruntés à mon ami, en admettant même que je ne lui aie jamais rendus, ils sont passés dans les mains de mon épicier ou d'un autre fournisseur, ils existent toujours et personne ne peut les détruire; la marchandise que m'a fournie mon épicier ou mon bottier m'a servie à produire une autre marchandise plus qu'équivalente, puisque je possède plus que je ne dois, donc encore une fois pas de faillite possible, car s'il en est autrement, tout le monde est dans le même cas, et je prie nos grands juges et tous nos justiciers de descendre dans leurs consciences, et de bien se rappeler s'ils n'ont pas emprunté à leurs camarades pendant le temps qu'ils étaient coiffés d'un képi, ne fût-ce qu'une pièce de trente sous pour faire une partie quelconque ou à un autre moment de leur existence, n'ont-ils pas prié ou fait prier leur bottier de repasser plus tard pour toucher une note; eh bien, dans ce cas ils sont comme le commun des mortels, ils ont vécu en faillite. J'arrête ici mes comparaisons pour dire que Monsieur le Ministre de la Justice vient de nommer une commission de cinq membres choisi parmi les Magistrats, les Présidents et Vice-Présidents de la Cour d'Appel et autres, à l'effet d'étudier et faire un rapport sur la proposition de réforme de la loi des faillites qui fut définitivement arrêtée par l'Union des Chambres Syndicales le 4 Décembre 1879. Ce projet de réforme fut naturellement présenté à la Chambre des Députés, et une Commission prise dans son sein fut nommée pour en étudier les bases. Le 15 Juin 1880, cette commission déposait sur le bureau de la Chambre le projet étudié par elle et obtenait la mise à l'ordre du jour pour la discussion, mais le Gouvernement de l'époque trouvant, comme toujours, que les questions de cette importance devaient être ajournées le plus longtemps possible, renvoya la proposition au Conseil d'Etat; celui-ci à son tour ne manqua pas de suivre ses vieilles traditions et garda le projet de loi dans ses cartons depuis 1880 jusqu'à l'époque où nous sommes. Pendant ce temps, les malheureuses victimes de cette loi de barbarie exécrable se torturent dans les convulsions de cette infernale et dégradante procédure de turpitudes ignobles et avilissantes qui fait tant de ravages dans la plus belle partie des gens composant la classe laborieuse et honnête, la plus intelligente de la Société. Oui, un grand nombre de ces travailleurs et de ces commerçants qui produisent toutes les richesses et font le bonheur de tous ceux qui possèdent sont récompensés par des applications de peines infamantes et la déchéance des droits civiques. Quel hideux tableau, quel affreux spectacle pour un père et une mère de famille dont le fils dans les affaires a eu le malheur de tomber en faillite par suite d'un mauvais placement de marchandises, ou d'une fausse opération quelconque, d'une maladie ou d'une chute grave.

Ce père de famille dit à sa femme : « Tu pleures et tu te tourmentes, je voudrais te consoler mais je ne le puis car j'ai le cœur si gros que je n'y tiens plus, je marche sans savoir où je vais; notre pauvre fils si bon et si reconnaissant pour nous, est dans un état lamentable de chagrin ; il est chez lui, tenant ses deux petits enfants sur ses genoux, ils pleurent tous les trois à qui pleurera le plus fort ; leur père leur dit : « Mes chers petits enfants vos petits camarades vont vous dire maintenant pour vous narguer, ton père est en banqueroute, surtout mes pauvres petits il ne faut pas leur répondre, il faut les laisser dire. »

Il faut que je te dise aussi que la mère n'est pas avec eux, elle est chez ses parents pour leur annoncer la triste nouvelle ; de mon côté je vois que nous sommes tous perdus; non seulement notre petite fortune est engloutie mais aussi notre considération de laquelle nous étions si glorieux. J'avais été admis au Conseil et me voilà forcé de donner ma démission. Quelle honte pour moi, mon

Dieu que je suis malheureux! Et tout cela parce que notre pauvre fils a livré à cette mauvaise maison de commission tout ce qu'il avait de marchandises fabriquées, pour la somme de 10.000 fr. qui devait être payée comptant puisque c'était un solde vendu à 50 0/0 de rabais; mais le gérant et les deux autres associés ont jugé prudent de mettre la clef sous la porte après avoir expédié la marchandise de tous ceux qui ont bien voulu leur livrer; on dit qu'ils en ont emporté pour plusieurs centaines de mille francs, on espère toujours les arrêter, mais en attendant on ne les trouve pas.

Je laisse là ce triste récit qui a trait à une malheureuse affaire arrivée à un de mes compatriotes, pour reprendre le sujet principal qui nous occupe, c'est-à-dire cette réforme si difficile à arracher des mains de nos législateurs et de nos magistrats qui ne peuvent se décider à lui donner le jour. De deux choses l'une, ou ils sont incapables, ou ils sont de mauvaise foi; voilà ce qu'il s'agit de savoir.

La loi de 1838 régissant le code des faillites a été faite par des hommes qui n'existent plus, il est inutile d'en parler. Nons n'avons donc en présence que les hommes qui font l'application de cette malheureuse loi et qu'il s'agit de réformer aujourd'hui.

La magistrature est une profession comme une autre, elle est exploitée par des hommes qui en vivent, comme on vit dans une industrie privée ou une administration industrielle quelconque, avec la différence que les industries privées et les administrations industrielles produisent de l'argent tandis que la magistrature n'en produit pas; au contraire, le haut personnel de même que le petit qui la compose est payé pour son travail comme les employés de toutes les industries le sont suivant leur mérite et leur intelligence. Dans la magistrature, les hommes qui sont les plus savants et qui ont le plus d'expérience, sont les plus payés; il en est exactement de même dans l'industrie, seulement dans cette dernière on fait des progrès, on cherche à perfectionner le travail de façon à réaliser le plus d'économie possible afin de vendre le meilleur marché dans le double but de faire profiter le consommateur et de soutenir la concurrence étrangère; enfin nos préoccupations journalières sont toujours tendues vers le même but, produire à bon marché et vendre beaucoup.

Nos magistrats, pour ce qui les concerne, ne comprennent pas de la même façon que nous, ils ne font aucun progrès économique et ne veulent pas sortir des vieilles routines; leur travail a toujours été très cher et ils prétendent qu'il doit toujours en être ainsi; ils ont toujours ruiné la plus grande partie de ceux qui ont eu besoin de leurs services. Aujourd'hui que nous voulons les faire entrer dans la voie du progrès, nous sommes pour eux des gens impossibles qui voulons la destruction de la Société, nous sommes des utopistes de la pire espèce qui voulons le renversement de tout ce qui existe de bien, de grand et de juste; voilà comme on nous qualifie.

Mais voyons, nos bons juges, soyons conscients avec nous-mêmes. Vous savez très bien que dans la classe des travailleurs il y a des hommes de grandes capacités sur lesquels pèsent les plus grosses charges de toute nature, car plus on est gros producteur et plus on a de gros impôts, et plus il faut travailler jour et nuit à perfectionner les outils de production pour soutenir la concurrence étrangère; puis encore ne jamais perdre un instant pour s'occuper du côté des relations afin de ne faire que le moins possible des mauvais placements, et enfin, avoir toujours l'esprit tendu à parer toutes les embûches qui vous sont tendues en tout temps.

Croyez-moi, Messieurs les Juges et Messieurs les Législateurs, l'homme qui vit dans de pareilles conditions est un vaillant soldat, non seulement du progrès, mais encore de la grande démocratie du travail, car c'est sur celui-là et tous ses semblables que tout repose.

De votre côté, Messieurs les Juges, il y a tout autant

d'intelligence que chez nous, mais les besoins ne sont pas les mêmes, et voilà pourquoi de votre côté il ne sort rien de bon.

Aujourd'hui nous sommes obligés, nous sommes forcés de vous commander de nous suivre dans la voie des réformes absolument nécessaires; nous ne voulons plus que l'on nous appelle voleurs ou banqueroutiers, quand nous savons dans notre conscience que nous ne sommes que des victimes et des travailleurs infatigables toujours sur la brèche, en un mot sur le chemin qui mène à l'honneur.

Le projet de réforme sur la législation des faillites qui fut déposé sur le Bureau de la Chambre par un certain nombre de Députés, avait été préalablement soumis aux commerçants de Paris qui l'avaient discuté et définitivement arrêté dans diverses réunions publiques qui ont eu lieu notamment au théâtre de la Gaîté.

Je me rappelle que dans l'une de ces réunion, plusieurs Députés y assistaient et Monsieur Pascal Duprat était de ce nombre. Il y prît la parole pour défendre le triste sort des débiteurs malheureux. Il fut en cette occasion, comme toujours, d'une éloquence remarquable et très pénétrante.

Il fit ressortir la grande nécessité de la réforme sur la loi des faillites et il promit son concours afin de hâter cette réforme. Malheureusement les élections de 1881 arrivèrent et il ne fut pas réélu. Peu de temps après il fut nommé ambassadeur au Chili où il resta presque jusqu'à la fin de ses jours, car se trouvant malade, il s'embarqua sur un navire pour revenir en France, mais il mourut pendant la traversée et fut traité comme le plus commun vulgaire; on lui mit le boulet aux pieds et il fut immédiatement jeté en mer.

Voilà je crois un procédé un peu raide de la part d'un Capitaine de navire quelconque, et je trouve étrange qu'à l'époque où nous vivons on ait ainsi le droit de donner la pâtée aux requins avec tant d'autorité et d'omnipotence. Pourtant ce capitaine a été payé pour toute la durée de la traversée et pour déposer son homme sur le port de la ville où il devait descendre.

Le sort qui était réservé à Monsieur Pascal Duprat a dû faire réfléchir la Chambre et le Gouvernement afin de prévenir et empêcher à l'avenir des faits aussi hideux et humiliants pour la Société toute entière. Il faut que la Chambre qui va être élue le 4 Octobre inscrive au rôle des réformes urgentes un moyen pratique permettant de conserver à bord d'un navire le corps d'une personne qui succombe pendant une traversée plus ou moins longue.

Il suffit d'exiger que tous les navires au long cours sujets au transport des passagers, soient munis d'une ou plusieurs boîtes en chêne, assez fortes et bien faites, de façon que le couvercle puisse s'appliquer bien hermétiquement au moyen d'une garniture en caoutchouc, serrée ou assemblée avec des vis à bois; cette boîte aurait la forme d'un cercueil et le couvercle serait percé d'un trou au milieu, destiné à recevoir la douille d'un entonnoir. En plus de cette boîte, il faudrait avoir à bord un flacon de plusieurs litres de Fluorure d'Ammonium marquant 10 degrès Baumé, puis ne jamais manquer d'une quantité suffisante de sel marin.

Lorsque le cas se présenterait d'être obligé de conserver un corps, il suffirait de mettre dans la boîte 6 kilos de sel marin, puis introduire dans l'estomac du défunt un demi-litre de fluorure d'ammonium, puis à l'aide d'une seringue en étain, introduire la même quantité ou à peu prés dans le gros intestin; placer ensuite le corps dans la boîte, bien assujettir le couvercle de façon que le liquide ne puisse s'échapper de nulle part, puis retirer le bouchon en liège, ensuite y placer un entonnoir de verre ou de métal et emplir complétement la boîte d'eau de mer, enfin bien la boucher avec le bouchon. Un corps ainsi préparé peut se conserver tout le temps nécessaire à une traversée si longue qu'elle soit, il suffit de le placer en lieu sûr, et dans le cas où la traversée serait trop longue et qu'il se produirait dans le corps une fermentation qui serait occasionnée par une trop grande chaleur, il serait facile d'y remédier en retirant le bouchon qui donnerait libre sortie aux gaz qui se seraient produits, et l'on pourrait remplacer l'eau salée s'il en manquait, par du fluorure d'ammonium, car ce sel est le meilleur de tous les antiseptiques; il n'a qu'un défaut, c'est que ses propriétés ne sont pas connues.

Laissons ici ce chapitre et reportons-nous au projet de réforme sur la législation des faillites qui fut déposé sur le bureau de la Chambre par un certain nombre de Députés le 15 Juin 1880.

Ledit projet a fait depuis cette époque le tour du cadran c'est-à-dire qu'il a passé de main en main, depuis la Chambre des Députés, au Gouvernement de l'époque, ensuite au Conseil d'Etat, et maintenant est arrivé jusqu'à vous, Messieurs les grands juges, constitués en commission à l'effet d'étudier la grave question en dernier ressort, et sans doute que vous soumettrez votre rapport au Gouvernement qui, à son tour, en saisira la Chambre; puis enfin la Chambre en discutera les articles puis les votera et tout sera dit.

Mais aura-t-on fait quelque chose de bien, j'en doute fort. Pourtant je crois que vous nous donnerez quelque chose qui s'impose absolument à vos volontés, mais il restera le dessous des cartes, auquel vous ne toucherez que si vous y êtes forcés; et c'est nous, pauvres victimes qui devons vous édifier, et je le répète, vous forcer à nous écouter. Seulement on aura perdu cinq ou six ans, et pendant ce temps le nombre des victimes a considérablement augmenté.

Ce retard qui est une faute irréparable doit être entièrement imputé aux députés de l'époque qui avaient reçu en 1879 le projet de loi élaboré par les commerçants de Paris, avec mission de le voter dans le délai le plus court possible. Enfin s'ils s'étaient contentés de le faire comme cela était leur devoir et leur droit, ils auraient épargné à un bien grand nombre de familles la ruine dont elles ont été victimes depuis le temps qui s'est écoulé.

Mais non, ils ont préféré passer ce projet de loi dans les mains de leur Gouvernement de progrès à reculons de l'époque, pour que celui-là le passe de main en main à une autre administration également à progrès de recul pour en sortir avec rien de nouveau ou du moins peu de chose.

On nous servira le projet tel qu'il a été élaboré par les Chambres Syndicales et l'Union des Commerçants; on adoptera l'un ou l'autre des modes de législation mis en pratique chez les Anglais ou chez les Allemands, Hollandais ou Espagnols, sans s'occuper du dessous des cartes, qui, dans notre pays, fait si bien l'affaire des juges et de tous ceux qui s'occupent de procédure commerciale.

Non seulement la réforme que nous attendons doit être équitable pour l'honnête homme, mais encore elle doit le garantir contre toutes les armes si dangereuses mises à la disposition des hommes du métier, c'est-à-dire les hommes retors qui trouvent toujours le moyen d'enrayer une affaire juste et droite.

Je vais me permettre de donner un peu à réfléchir à nos chers juges. Je vais leur soumettre un petit questionnaire sur le concordat du débiteur malheureux. Comme nous avons tout lieu de l'espérer, ce concordat ne sera plus soumis à la volonté des créanciers; le débiteur l'obtiendra de plein droit d'après l'enquête qui sera toute judiciaire; mais je demande ce que l'on fera pour un chef d'établissement qui aura accepté avec lui un ou plusieurs associés et qui au bout de quelques mois ou quelques années se trouvera dans le cas de faillite, c'est-à-dire de suspension de payements, et que l'un ou plusieurs de ses associés voudraient exiger la liquidation de l'actif dans le cas où les créanciers accorderaient leur confiance à la société où à celui qui en était le chef ou gérant, c'est-à-dire qui avait la signature sociale et qui seul avait fondé l'établissement.

La réponse me parait facile, je crois que en cas de discorde des associés, l'association doit être dissoute de plein droit, et la gérance des affaires confiée à celui d'entr'eux qui mérite le plus de confiance après avoir pris dans la mesure du possible des engagements d'indemnité. Pour être plus précis, si une association de plusieurs membres en nom collectif, se brouille, de façon à être forcée de se dissoudre, et qu'un seul membre de l'association veuille la liquidation de la Société, la loi actuelle lui en accorde le droit exclusif quel que soit le nombre des autres associés et même des créanciers.

Il faut donc que la nouvelle loi protège l'association, tout en faisant la part de l'associé récalcitrant, ou des associés s'ils sont plusieurs, à la condition qu'ils soient en minorité. Il faut donc dans l'intérêt de la masse que les enquêtes et même la dissolution de société soient faites par le Parquet; on ne doit pouvoir obtenir la liquidation d'une affaire que par la volonté de la majorité des créanciers, majorité en nombre et en somme ; seulement et en cas de balance, le tribunal peut trancher la question

Que fera-t-on pour un homme qui aura formé une association, quel que soit le nombre des associés, et qui au bout de quelques mois ou quelques années s'apercevra que son exploitation ne marche pas à son gré et se retirera de la Société en lui abandonnant sa mise de fonds, et enfin tout son actif après règlement de compte et tirera de ses associés un reçu motivé lui donnant décharge de toute responsabilité de pertes ou de bénéfices de l'exploitation qu'il quittera; les associés restant continuent l'exploitation et au bout d'un temps plus ou moins long, la société tombe en faillite avec un passif plus ou moins considérable et les créanciers s'abattent sur celui qui s'est retiré de la Société il y a six ou dix ans et lui disent : « Monsieur, vous êtes en faillite mais vous êtes riche et vous devez nous payer intégralement, lorsque vous vous êtes retiré de votre Société vous avez négligé de faire publier judiciairement votre dissolution de société et vous êtes complêtement responsable de tout ce qui nous est dû. »

Je crois qu'il y a bien quelque chose à faire en faveur d'un homme qui reçoit un pareil choc et nous devons espérer que la nouvelle loi que nous attendons à la rentrée des Chambres sera pourvue d'un article spécial de protection en faveur de celui qui se trouve débiteur sans le savoir, il faut que la loi lui fasse sa part et en même temps celle des créanciers ; il doit en être de même à l'égard d'un homme qui fait partie d'une société qui se trouve en discorde ou en faillite, et qui a le droit dans la loi actuelle d'obtenir à lui seul contre un cent ou un mille, la liquidation de la société. Je crois que ce droit personnel est une lacune qui constitue la plus grande perturbation dans toutes les sociétés commerciales pour le débiteur malheureux.

Je reprends la faillite à son point de départ toujours au point de vue actuel et je cherche qui le protège ; il se trouve en face de trois catégories de créanciers, la première est composée d'hommes qui ont de l'esprit et de l'expérience et qui de suite sont disposés à accorder du temps et enfin à arranger l'affaire ; la deuxième catégorie qui se compose d'hommes à chicane où de mauvaise foi, qui ne cherchent qu'à embrouiller en exigeant toujours beaucoup plus qu'on leur propose et qui finissent presque toujours, par leurs exigences, à détourner le principal but acceptable dans un arrangement amiable donnant à peu près satisfaction générale ; cette catégorie d'hommes principalement d'affaires, est la plus active, elle se remue, elle a du temps, et plus elle a de l'expérience ; puis comme objet de corruption, la troisième catégorie de créanciers qui est, comme de juste, très-mécontente de perdre de l'argent et qui avec cela est très peu expérimentée, qui par cela même est toujours de l'avis du dernier qui parle, enfin celle-là devient la complice de celui qui les induit en erreur et qui leur monte la tête contre le débiteur de façon que l'affaire ne s'arrange pas ; c'est alors que l'on pêche en eau trouble.

Le débiteur malheureux a bien d'autres lacunes à répondre, d'abord à des créanciers qui produisent des comptes surchargés et le malheureux débiteur qui craint de déplaire est souvent obligé d'accepter sans se plaindre, il n'a pour le défendre que le syndic, mais le syndic est un homme qui représente le Tribunal et qui a non-seulement ses intérêts personnels en vue, mais encore ceux du Tribunal à qui il faut aussi beaucoup d'argent, alors pour en produire le syndic se met en devoir d'aligner beaucoup de chiffres et beaucoup de vacations.

Le débiteur possède-t-il un matériel un peu important on fait tout ce que l'on peut pour arriver à une liquidation; a-t-il l'air de posséder un immeuble, oh ! alors, c'est bien pis, on en grossit la valeur d'une façon ridicule de manière à persuader aux créanciers qu'ils ont plus intérêt à liquider qu'à arranger.

Je vais laisser là ce sujet, sauf a y revenir plus tard dans une brochure que j'ai l'intention de faire paraître quand la nouvelle loi sera publiée.

Maintenant je dois me borner à signaler les lacunes qui sont à ma connaissance avec raisonnement à l'appui pour les réformes nécessaires dans le but de faire partager à mes semblables autant que possible les faibles connaissances qui me sont personnelles, et si je réussis je m'estimerai heureux d'avoir contribuée dans la mesure de mes forces à obtenir une bonne loi économique et équitable capable de faire grandir un peuple comme le nôtre, qui ne demande rien autre chose que de la bonne justice à bon marché.

Je reprends la suite de mes questions; que fera-t-on d'un créancier qui au lieu de produire ses titres de créance dans une faillite, quand le tribunal lui demande, n'en fait rien, puis vient ensuite lorsque le débiteur a obtenu son concordat, et lui présente le plus souvent des titres sujets à caution que le syndic n'aurait même pas admis, et pourtant il les présente la Loi en mains, puis poursuit le débiteur et finit par obtenir gain de cause par les tribunaux.

On peut se demander tout de suite à quoi sert un concordat qui permet le lendemain de son homologation des poursuites à un créancier qui par calcul s'est abstenu de toute présentation de titres, comme l'on fait les autres créanciers. Mon opinion, est que dans ce cas la loi doit passer outre, sauf au créancier à revenir après toutes les conditions du concordat remplies, c'est-à-dire tout le monde payé; représenter ses titres s'ils sont valables et dans ce cas être payé dans les conditions du concordat, mais il doit les faire valoir judiciairement par une juridiction à ses frais.

Maintenant parlons un peu du concordat, dans la nouvelle loi il y aura je l'espère pour le débiteur malheureux deux concordats à obtenir; le premier sera le concordat judiciaire qui lui maintiendra ses droits civiques, et le concordat des créanciers qui réglera les conditions de payement. Pour ce dernier il est de nécessité absolue qu'il ne puisse être résolu en cas de non exécution des engagements, que par la volonté de la moitié plus un des créanciers et sans tenir compte de la somme qui leur est dûe.

Quand on pense que dans la loi actuelle un seul créancier à qui il est dû une somme plus où moins insignifiante,peut en trente jours et en ne déboursant qu'une simple assignation de 7 fr. 55 obtenir la remise en faillite d'un homme, au détriment de tous les autres créanciers quelqu'en soit le nombre, je dirai même qu'il y a beaucoup de cas où le créancier qui obtient ce funeste résultat ne fait rien que de remettre à son huissier sa créance, et sans lui donner d'ordre; celui-ci de son autorité privée demande la résolution du concordat et l'obtient sans plus de forme de procès.

Pour se rendre un compte exact de la fourberie de cette loi qui facilite toutes ces turpitudes qui portent atteinte à la propriété de tous, il suffit de penser une chose bien simple, c'est que tout l'actif d'un débiteur malheureux appartient tout entier à la masse de ses créanciers et que par conséquent pas un seul ne doit pouvoir y toucher personnellement sans porter atteinte à la propriété d'autrui ; espérons donc encore une fois cette réforme.

Ce que je viens de dire ne retire rien des droits légaux à la disposition d'un créancier de poursuivre son débiteur personnellement par les vois de procédure qui le forcent à payer quand il doit et qu'il met de la mauvaise volonté à s'exécuter.

Il faut bien que le créancier ait même le droit d'obtenir non seulement jugement, saisie et vente à son profit mais encore qu'il lui soit permis de demander la faillite, ou ce qui revient au même, la suspension de payements de son débiteur.

Il faut, en un mot, une loi de protection pour le débiteur malheureux et très honnête, mais il faut aussi une loi de répression très sévère contre celui qui ne l'est pas. Il faut être impitoyable contre cette nuée d'escrocs qui ne vivent que d'attraper les honnêtes gens en trouvant le plus souvent le moyen de se mettre hors des atteintes de la loi en invoquant n'importe quel moyen illégal et arbitraire que le Code actuel met ou laisse plutôt à leur disposition.

Tel est par exemple celui qui permet à ces braves gens au rebours de souscrire des billets ou des engagements de toute nature, puis y manquer ensuite, faute d'être mis en faillite sous prétexte qu'ils ne sont pas commerçants.

Puis un petit moyen entr'autres largement bien exploité par beaucoup de ces honnêtes hommes d'affaires qui calculent dans leur intéressant travail sur le petit moyen que la loi met à leur disposition; au bout de cinq ans d'engagement, ils vous répondront : Prescription, Monsieur, il y a cinq ans écoulés. Voilà une loi qu'il faut remanier de façon qu'elle ne soit pas aussi élastique.

Il y a aussi dans la société commerçante une catégorie de débiteurs très malheureux qui se trouvent dans la nécessité d'abandonner leur établissement par suite de poursuites judiciaires et défaut d'actif. Les uns, simplement quittent les affaires sans aucune liquidation, et les autres, par suite de faillite suivie d'union des créanciers et absence de concordat.

Il est à remarquer qu'une grande quantité de ces débiteurs recommencent à faire du commerce dans un temps plus ou moins long, mais comme ils sont la plupart sous le coup de poursuites judiciaires, ils sont obligés de prendre un établissement ou un local sous le nom d'une personne étrangère ou celui de leur femme et d'exercer sous la signature du prête-nom. Très souvent il arrive qu'au moyen de cet escamotage de la loi, il arrive dis-je qu'un nombre assez notable de ces commerçants font de meilleures affaires et même fortune, sans que leurs créanciers primitifs puissent jamais les atteindre.

Un autre, au lieu de faire des dettes de commerce, fait des dettes de jeu; un autre possède un terrain d'une certaine valeur, je suppose 60.000 francs, et il se fait ouvrir un crédit de 250.000 fr. chez un notaire; cette somme est destinée à bâtir sur ledit terrain. On commence à bâtir, on donne des à-comptes aux entrepreneurs, on leur donne par exemple 50 ou 60.000 francs pendant le cours des travaux, puis un beau matin on disparaît après bien entendu s'être fait verser la totatité de la somme, puis les malheureux entrepreneurs restent là sans être payés de leurs travaux et c'est le prêteur qui, comme de juste, met la main sur la propriété, et pour les entrepreneurs, ils n'ont plus rien à faire qu'à se retirer.

Il y a encore plusieurs systèmes, tels que la dot factice à laquelle le notaire se prête si facilement en inscrivant sur un contrat de mariage, au profit de la femme, des sommes considérables qui n'existent que sur le papier.

Ces sortes de choses se passent entre petites familles, simplement dans le but d'escroquer le malheureux fournisseur. Dans le cas de mauvaises affaires, la femme se porte créancière, et ce sont les fournisseurs qui payent. Voilà certainement un cas accompagné de beaucoup d'autres, où le notaire devrait avoir une certaine somme de responsabilité.

Il est inutile de pousser plus loin la nomenclature de tous ces industriels qui pullulent dans les grandes villes dont le seul calcul, le seul travail est de faire des dupes sans se laisser atteindre. Il faut donc encore là une loi de protection tout aussi bien pour ce genre de débiteurs, que pour leurs créanciers. La protection qui est nécessaires aux premiers, serait de leur accorder un laps de temps plus où moins long dont le maximum ne pourrait dépasser je suppose cinq ans, pour que les créanciers primitifs puissent demander et exiger des comptes. En cas de bonne fortune, un à-compte où la totalité de leurs créances. Relativement à la situation du débiteur il est bien entendu qu'une loi de cette nature entraînerait avec elle la réforme de la loi de prescription.

Je donne ces idées, simplement à titre de mémoire et de conseil, afin que l'on y pense et qu'on discute avec connaissance de cause. Mon but est je le répète d'aider en la mesure qu'il m'est possible à la réalisation d'un code de commerce très simple et dépouillé de toutes les lacunes qui nous divisent et nous ruinent tout en nous abaissant à un niveau bien au-dessous d'un peuple libre et intelligent que nous avons le droit de mériter.

J'ose espérer que mes lecteurs me sauront gré d'avoir mis sous leurs yeux toutes ces remarques et les faibles raisonnements que je donne à chaque chose, attendu que je ne suis pas écrivain et que ce petit travail est d'autant plus difficile pour moi; seulement je l'ai fait avec le ferme espoir d'être compris, et de plus j'ai la certitude de faire le bien parce que je suis dans le droit; et pourtant je suis bien certain de ne pas être à l'abri des critiques.

M. DUPONT

Imp. Baudu, 69, fb St-Martin

www.ingramcontent.com/pod-product-compliance
Lightning Source LLC
LaVergne TN
LVHW020508230826
846091LV00008BA/3395